FALKEN
BÜCHEREI

Rhea Koch

Selbst

Wahrsagen

mit Karten

Die Zukunft in Liebe, Beruf und Finanzen

FALKEN VERLAG

Wer noch einen weiteren Blick in die Zukunft werfen will, findet zusätzliche Anregungen in dem Buch „Wahrsagen mit Tarot-Karten" von Edwin J. Nigg, erschienen im gleichen Verlag. Weitere Tips auf S. 112.

CIP-Kurztitelaufnahme der Deutschen Bibliothek

Koch, Rhea:
Selbst Wahrsagen mit Karten: d. Zukunft in Liebe, Beruf und Finanzen / Rhea Koch. –
[Nachaufl.]. – Niedernhausen/Ts.: Falken-Verlag, 1982.
(Falken-Bücherei)
ISBN 3-8068-0404-4

ISBN 3 8068 0404 4

Titelbild: Axel Ruske
Zeichnungen: Uwe Kaupenjohann
Satz: Librosatz, Kriftel
Druck: Offset-Team Zumbrink KG, Bad Salzuflen
151 413 121 110

Inhalt

Vorwort

Wenn man sich mit der Kartomatik, der Kunst des Kartenlegens befaßt, stellt man fest, daß es verschiedene Systeme und Deutungsmöglichkeiten gibt. Man stößt aber bald auf die Tatsache, daß sie sich nicht wesentlich voneinander unterscheiden. Und man merkt mit Verblüffung, daß ein Teil der Voraussagen ins Schwarze trifft. Wie die Autorin bemerkt, weisen die Karten einen Weg, aber sie zwingen nicht. Allenfalls zum Nachdenken über Unklarheiten, über Unerklärliches. Wie Sie aus den Erklärungen zu den einzelnen Kartenwerten entnehmen können, stehen das Zusammenleben der Menschen und damit verbundene Probleme im Mittelpunkt. Auch über Geld ist einiges zu erfahren, wenig dagegen über den Beruf. Das liegt sicher darin, daß diese uralte Kunst aus Zeiten stammt, in denen der berufliche Erfolg eine andere, geringere Bedeutung hatte, weil er unabänderlicher vorgezeichnet war. Nur in den Märchen wird der Schweinehirt König ...

Es bleibt dem Einzelnen völlig überlassen, wie ernst er die Kunst des Kartenlegens nehmen will und wieviel Gewicht er den Voraussagen beimißt. Ganz wird sich niemand der Faszination entziehen können, vielleicht schon aus Neugier, einen Blick in die Zukunft zu werfen. Ob aus Neugier oder zum Spaß, jeder kann mit diesem Buch sich selbst oder anderen die Karten legen und deuten. Und daran glauben oder nicht.

Der Verlag

Lieber Leser,

Wahrsagen aus Karten ist etwas sehr Persönliches und bedarf des direkten Kontaktes. Schriftlich oder telefonisch ist es nicht möglich, jedenfalls nicht einer bestimmten Bezugsperson. Wenn ich nun doch versucht habe, schriftlich niederzulegen, was mir meine Ahnen überliefert haben, dann geschah es, um auch einem breiteren Publikum das »Handwerkliche« nahezubringen und die Grundlagen zu erläutern. Das Gefühl für die Karten und Konstellationen stellt sich allerdings erst nach einiger Übung und mit einem gewissen Einfühlungsvermögen ein.
Dem mehr Technischen möchte ich aber vorausschicken, was es mit dem Kartensehen auf sich hat und wie ich dazu gekommen bin.

Ich wuchs in einer großen, glücklichen Familie auf, in einer in sich geschlossenen Naivität, die das Draußen verbannte. Für mich gab es nur zwei Welten, damals im Jahr 1943, die des Elternhauses und die Zauberwelt meiner Großmutter.

Viele Menschen kamen zu meiner Großmutter, und sie spielte mit ihnen Karten; so sah es wenigstens für mich aus. Ich wurde nicht beachtet und verdrückte mich in eine Ecke. Bald wußte ich, daß sie nicht mit den Karten spielten; ich sah Tränen und Glück in den Augen der Menschen. Dann blickte ich meiner Großmutter über die Schulter.

Ich glaube nicht, daß meine Großmutter beim Kartenlegen viel nachgedacht hat. Auf meine Fragen konnte oder wollte sie mir damals noch keine Antwort geben. Sie hat die Kunst von ihren Vorfahren übernommen und an mich weitergegeben. Es war ein Risiko zu dieser Zeit. Der Führer unseres Landes damals, der sich selbst auf Vorsehung stützte, die er für wissenschaftlich hielt, bestrafte das Kartenlegen mit Gefängnis. Erst seit 1967 ist das Kartenlegen wieder erlaubt.

Meine Großmutter wohnte in einem kleinen Dorf dicht bei Frankfurt am Main. Ursprünglich war es eine Zigeunersiedlung und die Großmutter war nicht nur Kartenseherin, sondern heilte auch Kranke. Sie arbeitete Hand in Hand mit dem Dorfarzt, denn sie kannte ihre Grenzen. Sie behandelte die Kranken mit selbstgesammelten Kräutern und Wurzeln. Hauptsächlich erkannte sie die Psyche und die Folgen von Störungen. Das erscheint mir heute das Wesentliche an ihren Erfolgen. Sie überblickte dank ihrer Hellsichtigkeit die Krankheitsursachen ihrer Patienten. Ein gebrochenes Bein oder ein durchgebrochener Blinddarm gehörten nicht zu ihrem Bereich. Aber die Seele, das vegetative Nervensystem konnte sie heilen. Sie kannte keines dieser Worte, wohl aber die Bedeutung für Leib und Seele. Sie verließ sich auf ihren Instinkt und handelte.

Ich legte nun selbst die Karten, in meiner Kindheit und Jugend war es eigentlich nur ein Spiel. Doch sehr früh setzte das Verwundern und das Zweifeln ein. Ich glaubte mir nicht, trotz bewiesener Tatsachen. Das große Erschrecken erfaßte mich, ein Auflehnen gegen diese Vorbestimmung.

Es begann eine sehr fruchtbare Zeit für mich, kein Erschrecken und kein Auflehnen, sondern ein Suchen in mir selbst.

»Was dir auch widerfahren mag, es war dir von Ewigkeit her bestimmt, die Verkettung von Ursachen hat von Anfang an dein Dasein und dieses dein Geschick miteinander verknüpft. Bejahung des Schicksals, daß einen jeden an den ihm vorbestimmten Platz stellt.«

So drückte es Kaiser Marc Aurel in seinen Selbstbetrachtungen aus. Und dieser Satz machte mich sehr nachdenklich. So geschah es, daß ich den Zauber der Ahnen entzauberte und trotzdem die Weisheit aller Zeiten, gleichsam im Extrakt, gewann. Die Möglichkeit, in die Zukunft zu blicken, ist das am stärksten umstrittene Phänomen, das im krassen Gegensatz zu unserer Weltanschauung steht.

Wenn man etwas vorhersehen kann, muß es dann nicht unausweichliches Schicksal sein? Es muß nicht, denn das Wort läßt sich ableiten von Vorsicht und Vorsehen. Wie oft sagt man: in weiser Voraussicht. Das Vorhergesehene wissend, läßt man Vorsicht walten. Unausweichlich ist das Schicksal dann, wenn der Betroffene trotz der Warnung starrköpfig das Schicksal herausfordert, wider besseres Wissen handelt und nicht über seine Lage und Ziele nachdenkt.

Wenn der Mensch intuitiv und instinktiv handelt, sind dabei überpersönliche und zugleich hellseherische Fähigkeiten vorhanden. Doch unser Geist ist meist zu sehr eingeengt, um das Außergewöhnliche zu erfassen. Eine Verbindung von Erscheinungswelt und exakt bewiesener Erfahrungswelt gibt es für den Wissenschaftler wahrscheinlich nicht. Doch auch er wird sicher schon die Erfahrung gemacht haben, daß Erscheinungen und Erspürtes zum Wissen führen.

Der Blick der Menschen des 20. Jahrhunderts ist vollkommen nach außen gerichtet. Wir haben keinen Abstand mehr von dem Draußen. Wir müssen deshalb das eigene Innere neu erfahren, mittels des Draußens. Wenn der Mensch sein eigenes Schicksal begreift, das Vergängliche also unter dem Blickpunkt der Ewigkeit sieht, kann ihn kein Unglück und kein Leid wirklich treffen.

Ich sah nach vielen Erfahrungen ein, daß die menschliche Vernunft gepaart mit dem Übersinnlichen uns dienlich sein kann. Es gibt wohl keinen unter uns, der – ohne abergläubisch zu sein – nicht ein bißchen neugierig ist auf die Zukunft, wie sich sein Schicksal gestalten wird. Karten raten und weisen den Weg, sie zwingen nicht. Sie regen zum Nachdenken an. Sieht man in seinen Karten eine Krankheit, die man vielleicht schon weiß, aber bewußt verdrängt, dann sollte man sich doch überlegen, den Arzt aufzusuchen. Oder man zweifelt an einem Menschen und sieht in den Karten, daß die Zweifel unbegründet sind. Man sollte es also noch einmal mit ihm versuchen. Die richtigen Schlüsse zu ziehen, ist nicht so schwer, wie Sie denken.

Vor Jahrtausenden war der Mensch nur auf seinen Instinkt und die Intuition angewiesen. Die Technik und unsere schnellebige Zeit haben diese Wahrnehmungen in uns verkümmern lassen.

Wenn man sich von den sichtbaren und erklärbaren Einflüssen löst, in sich hineindenkt – oder in den Anderen, dem man die Karten legt – wird man erstaunt feststellen, wie klar man plötzlich alles sieht. Jeder hat schon einmal erlebt, daß man in kritischen Situationen eine gewisse Art von intuitiven Gedanken hat und genau das Richtige tut. Haben Sie Mut und entdecken Sie in sich selbst das Erbteil unserer Vorfahren. Viel Vergnügen wünscht Ihnen dabei

Ihre Rhea

Die Karten und ihre Bedeutung

Die Kunst des »Kartenlegens«, um mit dem praktischen Teil zu beginnen, ist einfach. Sie brauchen dazu 32 Karten, ein normales Skatspiel.

Die Karten sind Ihr Handwerkszeug, das Beweismaterial. Mehr wollen und sollen sie auch nicht sein. Ob die Symbole Herz, Pik oder Kreuz nach oben oder unten zeigen, ist völlig unwichtig. Doch hat jede Karte ihre eigene Bestimmung oder Bedeutung, deren Ursprung ich nicht nachweisen kann. Es ist eine mündliche Überlieferung meiner Vorfahren.

Die Herz-Familie

Herz bezeichnet im allgemeinen viel Gutes, Glück, Vertrauen und Liebe. Glück ganz besonders dann, wenn mehrere rote Karten in der Nähe der Hauptperson liegen.
Unter dem Herz-König denkt man sich allgemein das männliche und unter der Herz-Dame das weibliche Geschlecht.

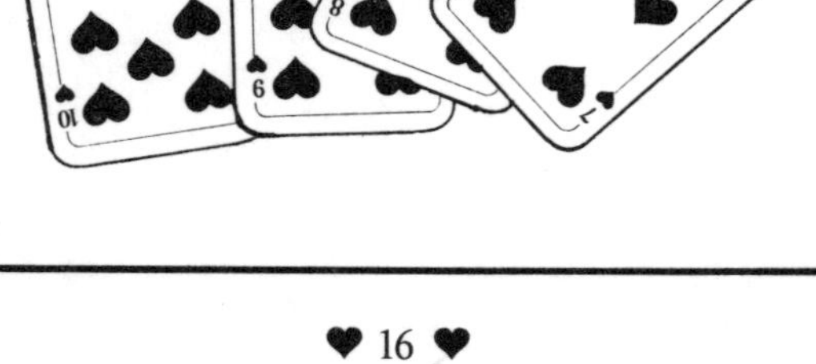

Herz-As

Herz-As bedeutet Haus, Wohnung, Glück im Haus und in der engeren Familie (Gemeinschaft), Familiensinn. Eigenschaft: häuslich.

Die direkte Verbindung von Herz-As und Karo-Neun besagt Freude und Glück in ideellen und sozialen Berufen, eine gute Beobachtungsgabe, Herz und Verstand.

Herz-König

Legt man einem männlichen Wesen die Karten, so ist er selbst der Herz-König. Legt man einem weiblichen Wesen die Karten, dann bedeutet der Herz-König die Person, die ihrem Herzen nahesteht, also der Ehemann, der Geliebte, der Mann des Herzens. Eigenschaft: verliebt.

Er ist »der Richtige« für eine weibliche Ratsuchende, sofern nicht der Kreuz-König links neben dem Herz-König liegt.
Liegt der Herz-König weit von der Herz-Dame – die immer zusammengehören – entfernt, so muß man die Gründe für die Trennung befragen. Hierzu später mehr.

Von Bedeutung ist auch, ob die Karte der befragenden Person (Herz-König oder Herz-Dame) am Rand des Kartenbildes liegt. Es handelt sich dann entweder um einen sehr jungen Menschen, dessen Zukunft noch undeutlich oder widersprüchlich ist, oder um einen älteren Menschen, der den Hauptteil seines Lebens hinter sich hat. Näheres läßt sich bei der zusätzlichen Befragung erfahren.

Herz-Dame

Legt man einem weiblichen Wesen die Karten, so ist sie selbst die Herz-Königin. Legt man einem männlichen Wesen die Karten, dann bedeutet die Herz-Königin die Person, die seinem Herzen nahesteht, also die Ehefrau, die Geliebte, die Dame des Herzens.
Eigenschaft: verliebt.

Wenn links neben der Herz-Dame die Kreuz-Dame liegt, ist es sozusagen eine Fehlverbindung – dies bezieht sich auf das Kartenbild, das einem männlichen Wesen gelegt wird. Liegt die Herz-Dame nicht in direkter Verbindung zum Herz-König, sollte man die Gründe für die Trennung hinterfragen. Hierzu später mehr.

Eindeutig ist die Konstellation dieses Kartenausschnittes Herz-Dame, Kreuz-Bube, Herz-König. Diese Ehe ist nicht bedroht, sie besteht nicht mehr.

Herz-Bube

Herz-Bube ist ein junger, sehr nahestehender Mensch, in erster Linie ein Kind, ein Mädchen, oder der einzige oder auch Lieblingssohn. Es kann auch ein Sorgenkind bedeuten, das sehr viel Liebe und Beachtung braucht. Sonst kann es auch ein nahestehender Verwandter oder Bekannter sein, der zu der Bezugsperson in einem innigen Verhältnis steht.
Eigenschaft: kinderlieb.

Bei dieser Konstellation Herz-Dame, Herz-Sieben, Herz-Bube ist es z. B. eindeutig ein jüngerer Geliebter. Eine weitere Befragung mag ergeben, daß er zum Herz-König werden kann.

Herz-Zehn

Herz-Zehn ist die Karte der Ehe oder aber dauerhaften Verbindung. Sie versinnbildlicht den Wunsch nach Liebe, Vertrauen und Zweisamkeit. Bei Ledigen bedeutet sie Hochzeit und das Streben zur Vereinigung der Geschlechter.
Eigenschaft: heiratswillig.

Dieser Kartenausschnitt Herz-Zehn neben Pik-As besagt einen Scheidungsprozeß.

Herz-Neun

Herz-Neun besagt innige Zuneigung, Beständigkeit und Dauerhaftigkeit. Eigenschaft: beständig. Zu dieser Karte bedeutet jede positive Karte eine gewisse Endgültigkeit. Aber das Kartenbild kann auch anders aussehen.

Diese Ehe oder Verbindung ist, so muß ich nach meinen Erfahrungen leider sagen, eine große Seltenheit. Keine noch so negative Karte könnte den beiden etwas anhaben.

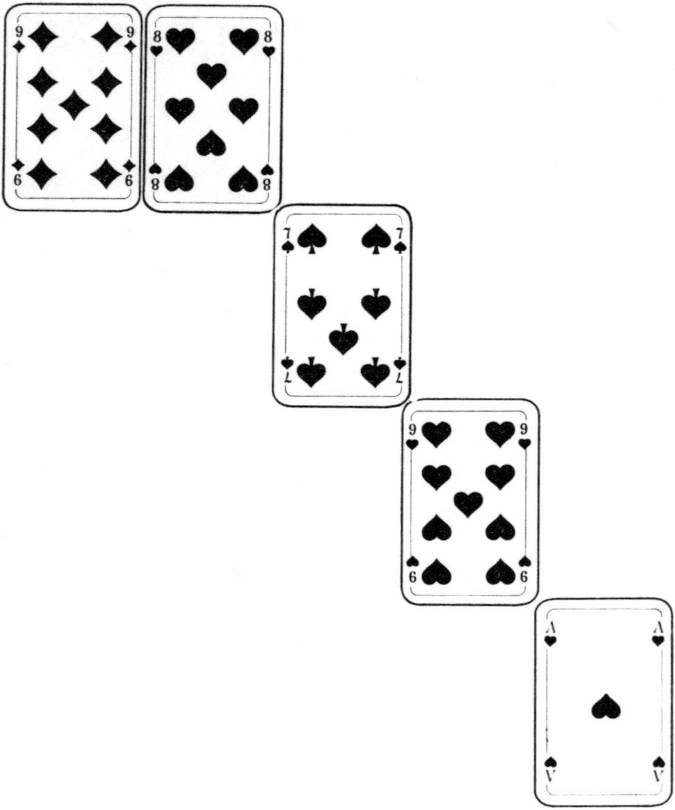

Durch zu viel Ruhm und Erfolg, öftere Reisen kann das innige Verhältnis des Familienlebens gestört werden. Das besagt Pik-Sieben. Es bedeutet in dieser Konstellation unbedingt Warnung.

Herz-Acht

Herz-Acht verspricht ein angenehmes und freudiges Ereignis gesellschaftlicher und beruflicher Art, aber auch sorglose Stunden privater Natur.
Eigenschaft: menschenfreundlich.

Verbunden mit einer Pik-Acht deutet die Herz-Acht auf eine kurze Reise hin, die in jedem Fall positiv ist oder so enden wird.

Die Verbindung mit der Herz-Sieben bedeutet ein Liebesabenteuer, eine vorerst noch heimliche Liebe.

Herz-Sieben

Herz-Sieben bedeutet heimliche Liebe. Direkt unter der Personenkarte bedeutet sie Untreue, Lüge und Fehltritt. Neben oder unter der Personenkarte liegend deutet sie auf eine Liebe hin, die vorerst noch geheimgehalten werden muß.
Eigenschaft: treulos.

Dazu ein Beispiel, Herz-Sieben neben Herz-Dame, über ihr Kreuz-König. Der Vater der noch sehr jungen Dame darf noch nichts von der heimlichen Liebe wissen.

Die Pik-Familie

Pik bedeutet im allgemeinen Hoffnung, Vertrauen und Freundschaft.

Pik-As

Pik-As scheint eine schlechte Karte zu sein. Aber bei objektiver Betrachtung bedeutet sie Gerechtigkeit. Eigenschaft: gerecht.

Pik-As weissagt Polizeisachen, Prozesse oder rechtliche Streitigkeiten. Je nach Lage der Karten kann man den Grund der Streitigkeiten erfahren. Ein Beispiel soll zur bildhaften Verdeutlichung dienen.

Bei Pik-As links von Karo-Zehn geht es eindeutig um viel Geld, um Erbschaft oder erworbenes Vermögen.

Pik-König

Pik-König bezeichnet einen heiratswilligen Mann von guter Gesinnung, gegebenenfalls auch einen Nebenbuhler. Es kann aber auch ein Freund oder nahestehender Verwandter sein.
Eigenschaft: heiratswillig, seelenverwandt.

Pik-König zwischen Herz-Dame und Herz-König: Die Herz-Dame hat einen guten Freund, der mit aller Wahrscheinlichkeit ihr Herz-König wird.

Dieser Kartenausschnitt besagt, daß die Herz-Dame den Mann (Herz-König) mit dem Pik-König betrogen hat. Herz-König wurde gewarnt, das besagt die Pik-Sieben.

Pik-Dame

Pik-Dame bezeichnet eine junge Dame, wobei das Wort »jung« nicht unbedingt von Bedeutung ist. Eigenschaft: kindlich. Liegen Pik-Dame und Pik-König nebeneinander, so ist es ein »junges« Ehepaar. Liegt sie aber über oder unter der Bezugsperson, so ist es die Tochter. Auch kann sie Schwester bedeuten oder eine nahe Verwandte. Sie kann auch, je nach Lage der Karten, eine Nebenfrau bedeuten, über die man eifersüchtig wacht. Ein Beispiel:

Es besteht eine starke Vater-Tochter-Beziehung. Der Vater macht sich Gedanken und unbegründete Sorgen um den Herz-Buben.

Pik-Bube

Pik-Bube bedeutet ein männliches Kind, auch den Wunsch nach einem Kind. Es kann auch ein nahestehender junger Verwandter sein oder ein treuer Freund, dem man unbedingt vertrauen kann. Eigenschaft: kinderlieb.

Pik-Bube zwischen Kreuz-Sieben und Karo-Bube: Der Wunsch nach einem Kind wird nach langem Warten, vielen Tränen und langer Sehnsucht in Erfüllung gehen.

In Verbindung mit Herz-Bube und Pik-Zehn bedeutet Pik-Bube einen Sohn, ein Sorgenkind, das sehr bald die Eltern verlassen wird.

Pik-Zehn

Pik-Zehn bedeutet eine lange, weite Reise, möglicherweise einen Auslandsaufenthalt oder auch einen Wohnungswechsel oder eine Ortsveränderung. Auch zeigt es einen überraschenden Brief an oder ein lang ersehntes Telefongespräch. Eigenschaft: erwartungsvoll.

Die Konstellation mit Herz-Dame, Karo-Neun und -Acht: Eine große Reise, auch Telefongespräch, Ruhm und Ehre, auch Veränderung, Verbesserung im Beruf.

Dieses Kartenbild mit Pik-Sieben und Herz-As besagt eine Warnung vor Veränderungen im häuslichen Bereich. Man sollte keinen Ortswechsel vornehmen.

Pik-Neun

Pik-Neun bedeutet grundlose Eifersucht, mangelndes Selbstbewußtsein privater und beruflicher Art sowie unbegründete und unnötige Sorgen.
Eigenschaft: lebensuntüchtig.

In Verbindung mit dem Kreuz-As weist die Pik-Neun auf eine ernstzunehmende Krankheit, private oder geschäftliche Verluste hin. Aber Pik-Neun besagt, daß zu Sorgen kein Anlaß sei, es wird alles gut werden.

Die Konstellation mit Pik-König und Herz-Zehn: Eine männliche Person stört scheinbar die Ehe, aber es ist kein Grund zur Eifersucht vorhanden.

Pik-Acht

Pik-Acht besagt eine zeitlich und örtlich kurze Reise, einen Besuch angenehmer Art, auch dann, wenn schlechte Karten in Verbindung stehen. Es bedeutet dann Erfolg nach Überwindung von vorhandenen Schwierigkeiten. Eigenschaften: lebensfroh, selbstbewußt.

Dieses Beispiel mit Karo-König und -Dame zeigt einen Besuch bei lieben Verwandten oder Bekannten an.

Das Beispiel mit Kreuz-Dame und Pik-Sieben bedeutet einen Besuch bei einer Dame, vor der man sich in acht nehmen muß; noch dazu durch Pik-Sieben, die Karte der Warnung. Aber durch Pik-Acht wird es erfolgreich.

Pik-Sieben

Pik-Sieben besagt Warnung vor einer Person oder Sache. Über oder unter der Bezugsperson bedeutet die Karte eine Wiege, den Wunsch nach einem Kind.
Eigenschaft: ängstlich.

In Kombination der Bezugsperson mit Herz-Zehn und Herz-Bube: Warnung vor einer Ehe mit einem Mann, der wesentlich jünger ist.

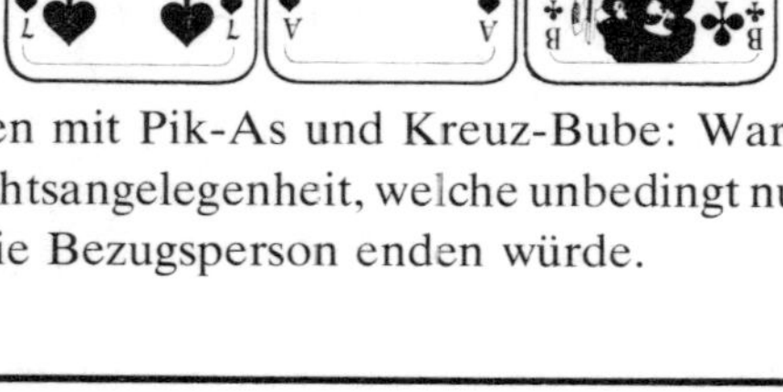

Zusammen mit Pik-As und Kreuz-Bube: Warnung vor einer Rechtsangelegenheit, welche unbedingt nur ungünstig für die Bezugsperson enden würde.

Die Karo-Familie

Karo bedeutet Glück und Segen, finanzielle Erfolge; sehr viel Geld, sofern eine Anzahl Karo-Karten beisammenliegen.

Karo-As

Karo-As bedeutet Reichtum, überraschend viel Geld und Glück im Spiel, auch unerwartete gute Geschäfte. Eigenschaften: erfolgreich, geldgierig.

Dieses Beispiel mit Karo-Zehn und -Neun ist selten; es wäre die ideale Konstellation in Verbindung mit der Bezugsperson: viel Geld und Anerkennung.

Auch die Kombination mit Karo-Acht besagt, daß durch eine Veränderung überraschend viel Geld zu erwarten ist.

Karo-König

Karo-König verheißt einen vornehmen Mann, von gutem Willen und reich, vornehmlich einen Geschäftspartner oder Mäzen, aber auch Förderer und Helfer im allgemeinen Berufsleben. Er kann bei einer weiblichen Bezugsperson auch zum Herz-König aufsteigen.
Eigenschaften: wohltätig.

Diese Konstellation wird durch die beiden Siebenen deutlich: Karo-König steht zu der Herz-Dame (Bezugsperson) in einem geschäftlichen, partnerschaftlichen Verhältnis. Er ist zuerst eine heimliche Liebe, doch dann wird Karo-König der Mann des Herzens (Herz-König).

Karo-Dame

Karo-Dame bezeichnet eine reiche und angesehene Frau, reich auch an ideellen Werten, eine gute Freundin, einen vertrauenswürdigen Menschen. Karo-Dame kann auch Schwester oder nahe Verwandte sein, auch eine Dame, die im privaten und beruflichen Bereich von Nutzen ist.
Eigenschaften: wohlgesonnen, einflußreich.

Als Beispiel eine Kombination mit Pik-As und Karo-Zehn: Karo-Dame hilft der Bezugsperson in einer finanziellen Rechtsangelegenheit.

Hier werden Leid und Tränen (Kreuz-Sieben) durch die Karo-Dame überwunden. Pik-Neun betont die grundlosen, in diesem Fall aufgehobenen Sorgen.

Karo-Bube

Karo-Bube bedeutet Gutes und Geschenke; auch ein Kind, erfolgreich im Leben und im Beruf. Eigenschaft: empfänglich. Karo-Bube ist eine ausgesprochene Verbindungskarte. Hierzu einige Beispiele:

Eindeutig erwartet die Herz-Dame (Bezugsperson) ein Kind, dessen Zukunft erfolgreich und glücklich sein wird.

Hier bedeutet Karo-Bube in Verbindung mit Karo-As ein Geschenk finanzieller Art (Geld, Vermögen).

Die Karo-Neun verheißt ein ideelles Geschenk, Ruhm, Ehre und Erfolg.

Karo-Zehn

Karo-Zehn bringt Erbschaft oder auch ein durch eigene Arbeit zu erwartendes Vermögen. Eigenschaft: arbeitsfreudig. Verbindungen mit anderen Karten ergeben folgende Beispiele:

Karo-Zehn mit Kreuz-Sieben und Kreuz-As: Ein Verlust, Tränen und eine Erbschaft.

Das Kartenbild könnte auch so aussehen. Warnung vor einer Geld-Heirat besagt die Lage zwischen Herz-Zehn und Pik-Sieben.

Karo-Neun

Karo-Neun verheißt Glück und Ehre, ideelle Verdienste und Anerkennung. Fleiß und Ausdauer bringen Ruhm und Erfolg. Es ist keine ausgesprochene Geldkarte, aber eine Erfolgskarte.
Eigenschaften: ehrenhaft, ideell eingestellt.

Wenn die Konstellation aber so mit der Karo-Zehn aussieht, wird auch der finanzielle Erfolg nicht ausbleiben.

Dieses Beispiel von Herz- und Kreuz-Neun eingerahmt besagt innige Hingabe an den Beruf, aber die Leistungen werden nicht anerkannt.

Karo-Acht

Karo-Acht verspricht finanziellen Aufstieg durch Veränderung, eine berufliche Verbesserung.
Eigenschaft: erfolgreich.

Zum Beispiel mit Karo-König und Pik-Acht: Auf einer kurzen Reise wird die Bezugsperson einen einflußreichen Herrn kennenlernen, der ihr zum beruflichen Erfolg verhilft.

Liegt die Pik-Zehn direkt neben der Karo-Acht: Eine große Reise oder Ortsveränderung wird den erhofften beruflichen Erfolg bringen.

Karo-Sieben

Karo-Sieben ist die Karte der beruflichen Beständigkeit. Sie verheißt angenehme, gute Geschäfte und ist eine Warnung vor Veränderungen.
Eigenschaft: beruflich zuverlässig.

Die Kreuz-Zehn bedeutet Streit und Schwierigkeiten im Berufsleben, aber durch die Pik- und Karo-Sieben wird eine doppelte Warnung vor Veränderungen aufgezeigt.

Bei diesem Beispiel mit der Karo-Zehn ist deutlich zu erkennen, daß durch Beständigkeit noch größere Erfolge finanzieller Art erzielt werden können.

Die Kreuz-Familie

Kreuz bedeutet Krankheit, Mißgeschick und Verluste jeglicher Art.
Hierzu muß ich ausdrücklich betonen, daß über Leben und Tod nur Gott entscheiden kann. Wer von sich behauptet, er könne den Tod voraussehen, begibt sich auf den Weg des Aberglaubens und des Okkultismus. Von diesen Dingen möchte ich mich mit Nachdruck distanzieren. Doch wenn Sie meine Einleitung aufmerksam gelesen haben, so haben Sie mich und die Grenzen der Menschen verstanden.

Kreuz-As

Kreuz-As bedeutet Krankheit, Leiden und Unglück, auch in der Liebe und in geschäftlichen und finanziellen Dingen.
Eigenschaften: anfällig, gestört.

Die Karo-Zehn in Verbindung mit Kreuz-As weist auf einen großen finanziellen Verlust hin.

Kreuz-König

Kreuz-König bedeutet in erster Linie die Vatergestalt, besonders dann, wenn sie in der Schräg- oder Querverbindung der Bezugsperson liegt (siehe die Systeme der Kartenauslage). Eigenschaft: väterlich. Sonst bedeutet die Karte einen Mann, dem man mit Vorsicht begegnen sollte.

Diese Konstellation mit der Bezugsperson (Herz-Dame) und der Herz-Neun besagt eine starke Vater-Tochter-Beziehung. Die Tochter (Bezugsperson) macht sich Sorgen über den Vater, aber sie sind unbegründet.

Hier ist der Kreuz-König eindeutig der Geliebte, aber es ist eine Fehlverbindung (siehe Herz-König).

Kreuz-Dame

Kreuz-Dame bedeutet eine Frau, vor der man sich in acht zu nehmen hat. Man meide sie in jeder Beziehung. Im allgemeinen ist sie nicht, wie man annehmen könnte, die Muttergestalt. Aber sie kann es sein, auch die wohlbekannte »böse Schwiegermutter«. Für den Herz-König ist sie die falsche Geliebte. Große Vorsicht vor dieser Dame ist geboten.
Eigenschaft: egoistisch.

In der Kombination mit der Kreuz-Sieben: eine falsche Freundin (Kreuz-Dame) bringt Tränen und Traurigkeit.

Liegen die Damen so, dann bedeutet diese Konstellation eine sehr schlechte Mutter-Tochter-Beziehung.

Kreuz-Bube

Kreuz-Bube ist die negativste Karte im Spiel. Sie bedeutet das unumstößliche Nichtgelingen einer jeglichen Angelegenheit, das Böse in höchster Vollendung. Es schließt auch das Böse in uns selbst nicht aus; diese Karte zeigt auch unsere eigenen Gedanken.
Eigenschaft: resignierend.

Beispiele zu dieser Karte sind eigentlich nicht nötig. Zur Einprägung des Kartenbildes mag eines dienen. Kreuz-Bube neben Herz-Zehn: Höchste Warnung vor einer Ehe oder Lebensgemeinschaft.

Kreuz-Zehn

Kreuz-Zehn bedeutet Verdruß und Streit, Unstimmigkeiten und heftige Diskussionen. Eigenschaft: streitsüchtig. Mit versöhnlichen Karten umgeben wird die Aussage der Kreuz-Zehn gemildert.

Liegt sie zwischen Pik-König und Kreuz-Neun: Eifersucht mit Grund, heftige Auseinandersetzungen um oder mit Pik-König (Nebenbuhler).

Wenn die Pik-Neun neben der Herz-Dame liegt, kann diese Konstellation gemildert werden, da die Herz-Dame keinen Grund zur Eifersucht gibt.

Kreuz-Neun

Kreuz-Neun bedeutet Eifersucht mit Grund. Man wird betrogen, auch von falschen Freunden in Familie und Beruf.

Eigenschaft: verzichtend.

Kombination mit Pik-As, Kreuz-Dame und -Bube: Ein gerichtlicher Prozeß, der durch falsche Aussagen einer weiblichen Person zu Ungunsten der Bezugsperson ausfällt.

Bei diesem Kartenbild ist Eifersucht angebracht. Die Herz-Dame hat eine innige Beziehung zu einer jungen männlichen Person. Es kann aber auch das Kind sein, und dann sollte die Bezugsperson (Herz-Dame) einmal nachdenken, ob die Eifersucht wirklich begründet ist.

Kreuz-Acht

Kreuz-Acht bedeutet eine kurze oder eine chronische Krankheit, meist ein seelisches Leiden und Kummer. Eigenschaft: erschöpft.

Steht die Kreuz-Acht in Verbindung mit der Herz-Zehn, besagt das eindeutig Liebeskummer.

Die Kombination mit der Pik-Neun weist auf eine vorübergehende leichte Krankheit hin.

Liegen Kreuz-As und -Sieben daneben, spricht das für ein chronisches Leiden, das mit viel Tränen verbunden ist.

Kreuz-Sieben

Kreuz-Sieben bedeutet Tränen, Traurigkeit und Verzweiflung. Darum ist sie auch die Karte des Zweifels. Tränen können unsichtbar sein. Die Karte weist auf ein Zurückziehen, sehr oft ohne Grund, hin.
Eigenschaft: verzweifelt.

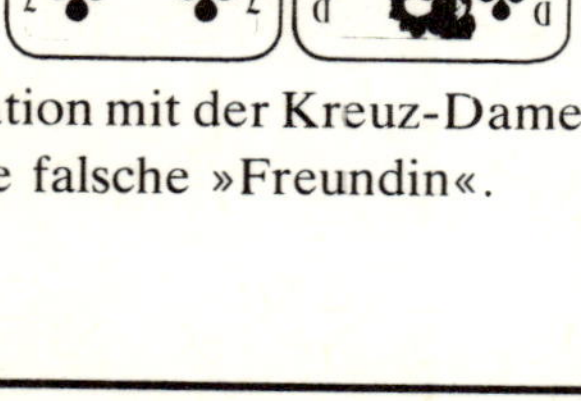

In der Kombination mit der Kreuz-Dame vergeudet man Tränen um eine falsche »Freundin«.

Diese Deutung ist nur aus der Kombination zu erkennen. Unnötige Zweifel und Tränen um einen Mann, der nur gute Eigenschaften hat.

Das Kreuz-As verstärkt die Deutung. Diese Tränen sind berechtigt. Der Verlust einer guten Freundin steht bevor.

Drei Systeme der Kartenauslage

Nun mischen Sie die 32 Karten, verdeckt auf dem Tisch oder mit zwei Händen, wenn Sie sich die Karten legen wollen. Fällt eine Karte heraus, ist sie von Wichtigkeit und sollte gedeutet werden. Legen Sie einer anderen Person die Karten, muß sie mischen.
Lassen Sie sich Zeit. Um die äußeren Einflüsse abzuschalten, legen Sie Ihre linke Hand auf Ihre Brustmitte. Wenn Sie einer anderen Person die Karten legen, reichen Sie ihr die linke Hand mit der Handfläche nach oben. Sie legt ihre Handfläche einen Augenblick auf Ihre Hand. Der Kontakt ist hergestellt und die innere Ruhe kann einziehen. Denken Sie nicht, »es denkt« in Ihnen. Wenn Sie sich die Karten legen, heben Sie mit der linken Hand zweimal von dem Kartenstoß ab und legen die Stöße voreinander. Gegebenenfalls hebt die Person ab, der die Karten gelegt werden.

Sie decken die Kartenstöße auf.

Diese drei Karten sind eine Vorprognose und werden gedeutet. Sie werden sie im Spiel wiederfinden und mehr darüber erfahren. Dann legen Sie die Karten in beliebiger Reihenfolge wieder zusammen.
Beim autogenen Training beginnt die erste Übung mit den Worten: »Ruhe, Schwere, Wärme«. Es besteht von da eine gewisse Verbindung zum Kartenlegen. Das »Ich« will man ausschalten, sich der Intuition hingeben.

Jetzt nehmen Sie die 32 gemischten Karten in die Hand.

System A: In Sechserreihen

Das erste System A ist das Hauptsystem, die Hauptdeutung. Nach folgendem Schema legen Sie die Karten in Sechserreihen offen vor sich auf den Tisch. Die erste Karte ist die oberste Karte. Von links nach rechts wird gelegt, je sechs Karten untereinander. Die beiden letzten Karten, die Schicksalskarten, beenden rechts unten das Kartenbild.

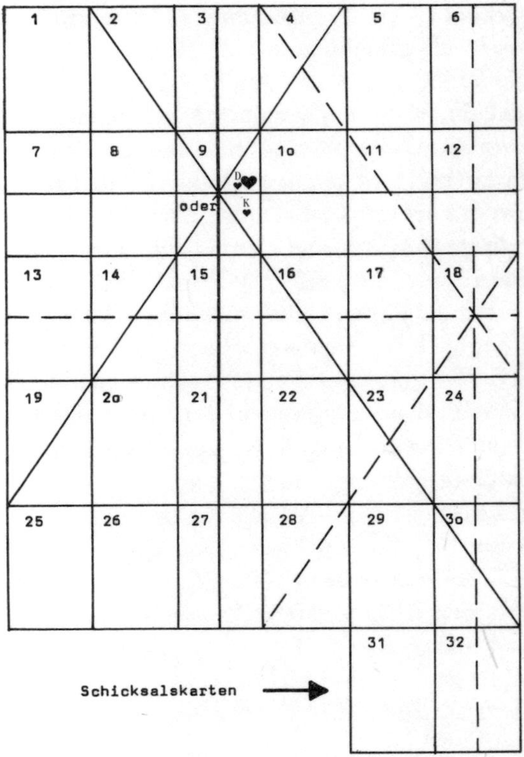

Zum Zweck der Erklärung nehmen wir an, die Karte der Bezugsperson läge auf Platz 9. Die durchgezogenen horizontalen, vertikalen und diagonalen Verbindungslinien gehen direkt von der Bezugsperson aus. Die weibliche Bezugsperson ist immer Herz-Dame, die männliche immer Herz-König, die Hauptperson ist also der Befragende. Wie im Leben so auch in den Karten befinden sich Menschen oder Dinge in der Umgebung, die das Kartenbild und so auch das Leben beeinflussen. Dabei kommt es darauf an, ob die bestimmte Karte direkt in der durchgezogenen Linie liegt.

Aber auch für andere Karten, von denen Sie etwas wissen wollen, ist die Schräg- und Querverbindung von Bedeutung. In der Schemazeichnung nehmen wir an, die Karte Nr. 18 sei die Karo-Dame, eine gute Bekannte der Bezugsperson. Sie liegt nicht in ihrer Linie. Aber man kann durch die gestrichelten Verbindungslinien etwas über sie erfahren. Dabei sind die Karten besonders zu beobachten, in denen sich rote und grüne Linien schneiden. Es können verbindende oder auch trennende Zeichen sein, je nach Konstellation und Bedeutung der Karte. Sie können also von jeder Karte aus dem gesamten Kartenbild etwas erfahren.

Sie haben nun Ihr eigenes Kartenbild nach der Schemazeichnung vor sich aufgelegt. Lassen Sie es in aller Ruhe auf sich einwirken und deuten Sie die Karten wie im ersten Kapitel erläutert.

Um die Bedeutung der Intuition zu begreifen, kann man

weder ein Bild noch ein Sinnbild begreifen. Man braucht den direkten Kontakt zu dem Gegenüber, der Bezugsperson oder zu sich selbst.

Es wird Ihnen bestimmt auffallen, daß es leichter ist, einer fremden Person die Karten zu deuten. Man braucht sehr viel Geduld, das Wissen über sich selbst auszuschalten. Man darf nicht Wünsche, Hoffnungen und auch unterschwellige Gedanken und Ängste in die Karten hineinlegen. Kartensehen und -deuten ist alles andere als ein Handwerk. Aber es ist erlernbar. Das Übersinnliche zu erkennen ist ein Training der Psyche. Trainieren heißt arbeiten, arbeiten an sich selbst.

Entsprechend der folgenden Schemazeichnung geht es nun weiter; mehr in die Tiefe.

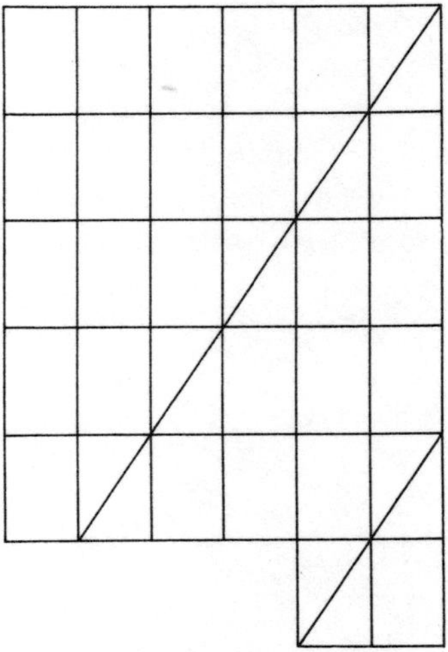

Die Befragung

Die sieben durch die Diagonale verbundenen Karten nehmen Sie jetzt aus dem Spiel. Es sind sieben Antworten, und Sie können damit sieben Fragen an bestimmte Karten stellen.

Die sieben Karten werden gemischt, und die Karten in Ihrem Kartenbild, zu denen Sie Fragen haben oder die Sie näher erklärt haben wollen, werden mit je einer von den gemischten Karten gedeckt und beantwortet. Dabei kommt es nicht auf die Reihenfolge der sieben Antwortkarten an. Auf jede Frage, die sehr konkret gestellt werden soll, nehmen Sie eine von den sieben Karten. Sie legen die Karte auf Ihre Fragekarte und bekommen mit der Deutung die Antwort. Sie können eine Karte des Kartenbildes bis zu dreimal befragen. Als Beispiel finden Sie hinten drei Kartenbilder von Musterpersonen durchgespielt. Sie können bei diesen detaillierten Beispielen praktisch nachvollziehen, wie dieses Hinterfragen mit den sieben Karten geschieht. Das war System A und ist damit beendet. Um Ihre Neugierde zu stillen, dürfen Sie zur Erweiterung und Ergänzung System B befragen.

System B: Von Vergangenheit bis Zukunft

Nehmen Sie Ihre Karte oder die der Bezugsperson, also Herz-Dame oder Herz-König, aus dem Spiel und legen Sie sie in die Mitte. Die anderen Karten werden gemischt.

Dann legen Sie die Karten in der Reihenfolge wie auf der Abbildung auf: erste Karte verdeckt auf die Bezugskarte, weiter verdeckt rechts daneben, darüber, links daneben und darunter. Die sechste Karte wieder in die Mitte, und so weiter in Pfeilrichtung, bis alle Karten verteilt sind.

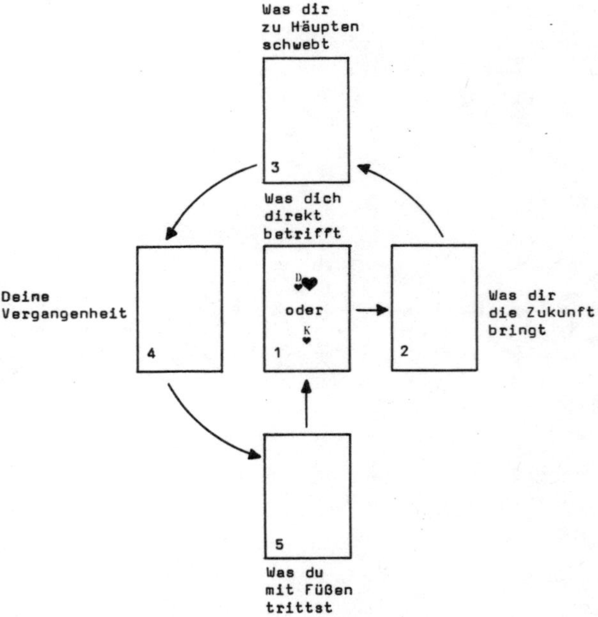

Nun decken Sie die fünf Päckchen auf. Hierbei kommt es jetzt auf die Reihenfolge an. Die unterste Karte liegt bei jedem Päckchen der Bezugsperson am nächsten. Sie drehen also die verdeckten Päckchen um. Die oberste, offene Karte liegt Ihnen nun am nächsten. In dieser Reihenfolge können Sie die Deutung auswerten.

Auch hierzu ein Beispiel zum besseren Verstehen. Die Bezugsperson ist männlich.

»Was dich direkt betrifft«:

Es bedeutet für Herz-König eine kurze aber erfolgreiche Reise. Warnung vor großen finanziellen Verlusten. Eine vertrauenswürdige Dame und ein ihm gutgesinnter Mann werden seine Sorgen beheben und ihm hilfreich zur Seite stehen.

Mit den anderen Päckchen verfahren Sie ebenso.

Zuerst das rechts gelegene, mit der Deutung, was die Zukunft bringt. Die oberste Karte liegt zeitlich der Bezugsperson am nächsten, die letzte am fernsten.

Als nächstes folgt das über der Bezugsperson liegende Päckchen. Es gibt Aufschluß darüber, was »dir zu Häupten schwebt«, was also dem Fragenden bevorsteht.

Anschließend wird das links liegende Päckchen, die Vergangenheit, gedeutet.

Zum Schluß kommt das unter der Bezugsperson liegende Päckchen an die Reihe, das, was sie mit Füßen tritt, was sie also mißachtet oder nicht genügend hoch einschätzt.

Mit dieser zweiten Auslage nach System B werden einige der im ersten Kartenbild offengebliebenen Fragen eingekreist oder weitergehend ausgedeutet.

System C: Eigenschaften und Gedanken

Mit dem dritten und letzten Kartenbild können Sie die Eigenschaften und Gedanken einer von Ihnen bestimmten Person erfahren. Sie kennen das Hauptsystem A und System B, nun wollen Sie aber über eine bestimmte Person (z. B. Karo-Dame) mehr wissen. Nehmen Sie die betreffende Karte aus dem Spiel. Die anderen Karten werden gemischt. Sie können auch Ihre eigenen Gedanken und Ihre Eigenschaften befragen. Dann ist die Bezugsperson entweder Herz-Dame oder Herz-König. Oft werden Sie erstaunt sein über sich selbst. Sie können mit System C aber auch Näheres über die Dame oder den Herrn Ihres Herzens erfahren.
Nun nehmen Sie wahllos sechs Karten aus dem Stoß und legen sie rechts neben die Bezugsperson; das sind die Eigenschaften. Dann ziehen Sie sechs Karten für die Gedanken der betreffenden Person. Auch hier ist die oberste Karte die erste Karte; die anderen werden schräg darunter gelegt. Nach diesem Schema legen Sie auf:

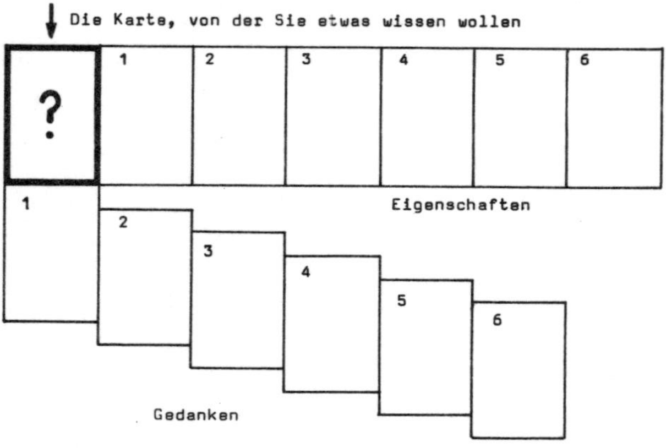

Sie kennen nun die Bestimmung und Bedeutung der einzelnen Karten und wissen, wie die Karten aufgelegt werden. Zu der Bedeutung einzelner Karten habe ich einige willkürliche Konstellationen herausgegriffen, zum Einprägen des Kartenbildes und zur Erläuterung.

Sie werden sich sicher zuerst selbst die Karten legen. Denken Sie daran, das »Ich« auszuschalten, sich frei der Intuität hinzugeben. Das Handwerkliche habe ich Ihnen erklärt. Das Innere, das Versteckte, das Zugeschüttete können Sie durch äußerste Konzentration finden und erlernen. Ich spreche in meinem Buch den Suchenden an.

Sollte die Deutung nach dem ersten Auslegen der Karten nach den Systemen A, B und C keine Klarheit ergeben, muß man abwarten und es später noch einmal versuchen. Das Schicksal will dann noch nicht sprechen. Die Karten dürfen aber einer alten Weissagung zufolge innerhalb von 24 Stunden nur einmal gelegt werden; wer dagegen verstößt, erleidet Schaden.

Zur Verdeutlichung der einzelnen Kartenwerte und Zusammenhänge folgen die vollständigen Kartenbilder nach allen drei Systemen von einigen Klienten. Sie haben sich freundlicherweise, wenn auch ohne Namensnennung, dazu bereit erklärt, ihre Schicksalsdeutung veröffentlichen zu lassen.

Ich werde immer wieder gefragt, ob ich auch Menschen wahrsagen kann, die mit keiner Silbe verraten, ob meine Deutungen zutreffen. Im konzentrierten Gegenüber unter vier Augen ist das durchaus möglich. Doch will der Fragende ja bestimmte Ratschläge erhalten, wie er sich in Situationen verhalten soll, die ihm nicht ganz begreiflich oder greifbar erscheinen. In der Suche nach Klarheit wird er mitarbeiten, zustimmend oder verneinend, und so sind der Wahrsager und der Fragende gemeinsam in der Lage, Unklares aufzuhellen. Auf jeden Fall regt das Kartenlegen zum Nachdenken an.

Aus meinen Erfahrungen möchte ich Ihnen noch einiges erzählen. Ich beschäftige mich ja seit meiner Kindheit mit Kartenlegen und -sehen, bewußt seit etwa zwanzig Jahren. Erstaunlicherweise hat in den letzten Jahren die Zahl meiner Klienten sehr zugenommen. Es ist eine Zeiterscheinung und hat nichts mit meinem Bekanntheitsgrad zu tun. Die Welt ist im Wanken, und auch die Probleme der Menschen unterliegen der Unsicherheit und Wandlung. Immer, wenn vieles in Frage gestellt wird, suchen die Menschen Rat bei Wahrsagern. Dabei sind sie am meisten an Dingen interessiert, die sie nicht im Griff haben.

Neu ist für mich die große Anzahl der männlichen Klienten, die nicht nach Geld fragen, sondern nach der Liebe, im Gegensatz zu den weiblichen Klienten.

Das Kartenbild von Frau Erika M.

Frau M. kenne ich schon seit einigen Jahren. Sie hatte, bis auf einige nebensächliche Dinge, immer eine sehr gute Karte. Ich weiß, daß sie verheiratet ist und einen kleinen Sohn hat.

Sie hat die Karten gemischt und abgehoben; die Vorprognose stützt sich auf Pik-Acht, Kreuz-Zehn und Pik-Sieben.

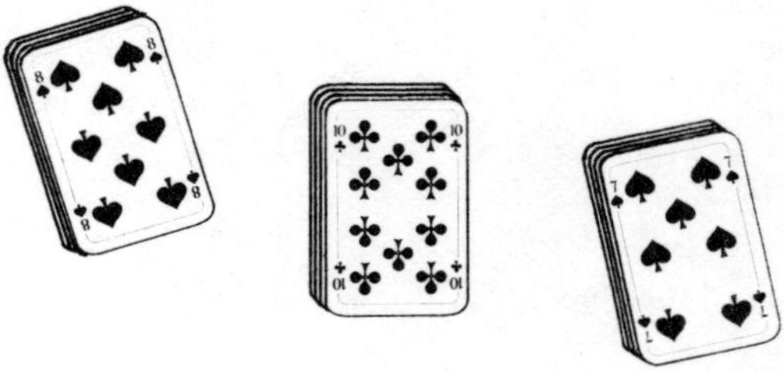

Eine kurze Reise · Streit im Allgemeinen · eine Warnung. Das ist für mich zunächst ein bißchen verblüffend. Doch Frau M. nickt.

Nun legt Frau M. die drei Kartenstöße in beliebiger Reihenfolge aufeinander. Anschließend werden sie nach System A in Sechserreihen ausgelegt. So sieht das Kartenbild aus:

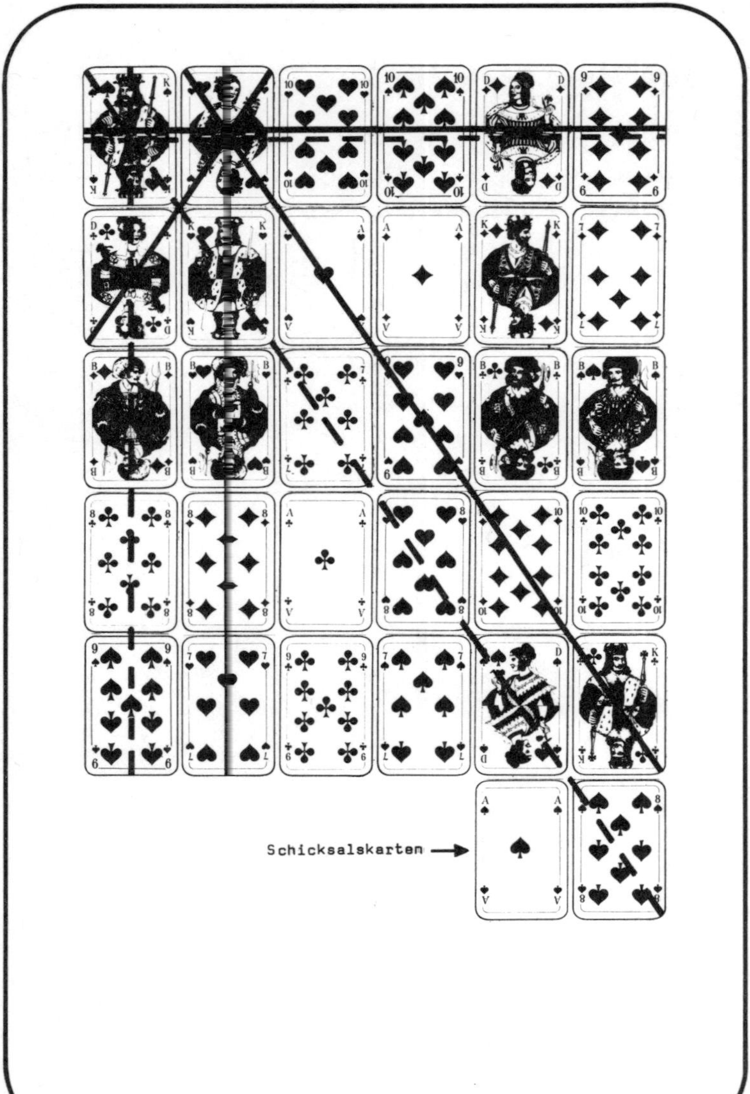
Schicksalskarten

Meine Deutung: Frau M. scheint noch glücklich verheiratet zu sein. Beide haben einen Sohn (Herz-Bube).

Seine waagerechte Linie: Das Kind hat Tränen (Kreuz-Sieben), es leidet unter dem gestörten Verhältnis seiner Eltern. Sonst ist es ein glückliches und gesundes Kind (Karo-Bube). Zu beachten ist auch noch Kreuz-Bube im Bezug auf das Kind. Eine Trennung der Eltern würde dem Kind viel Böses bringen. Das gestörte Verhältnis der Eltern geht aus der waagerechten Linie des Herz-Königs hervor; er setzt seine Ehe aufs Spiel. Links von Herz-König befindet sich die Kreuz-Dame, eine Dame, vor welcher man sich in acht zu nehmen hat. Sie bedroht nicht nur seine Ehe, sondern auch seine Karriere. Denn in der Zukunft (waagerechte Linie rechts) von Herz-König liegt auch Karo-As.

Frau M. kennt diese Dame (Diagonale). Frau M., welcher die Karten gelegt werden, ist auch nicht ganz unschuldig. Sie plant mit einem guten Bekannten (Pik-König) eine Reise, eine nicht ganz harmlose Reise (Herz-Zehn, Pik-Zehn). Auch will sie auf dieser Reise ihre Schwester (Karo-Dame) besuchen, zu der sie ein sehr gutes Verhältnis hat (Karo-Neun). Senkrecht liegen Herz-Dame (Frau M.), der Ehemann Herz-König, der Sohn Herz-Bube, Karo-Acht, Herz-Sieben.

Karo-Acht ist der vorauszusehende finanzielle Aufstieg. Herz-Sieben bedeutet heimliche Liebe bei Frau (Herz-Dame) und Mann (Herz-König). Herz-Sieben ist umgeben von Eifersucht mit und ohne Grund (Pik-Neun und

Kreuz-Neun). Es bedeutet, daß alles noch in der Schwebe ist.

Zurück zu der Personenkarte, zu Frau M. Die Karten in der Schrägverbindung von rechts unten nach links oben bedeuten ausgehend vom Kreuz-König materielle Hilfe (Karo-Zehn), innige Zuneigung (Herz-Neun), Hilfe für die Familie und Ehe (Herz-As neben Herz-König).

Kreuz-König ist der Vater von Frau M. Die Schicksalskarten sind eindeutig: Prozeß (Scheidung) und Reise von kurzer Dauer. Aus der Lage dieses Kartenbildes habe ich nun einen Überblick gewonnen, der mich allerdings sehr erstaunt, da ich Frau M. ja schon lange kenne.

Frau M. interessiert sich nun für den Pik-König, den guten »Freund«. Sein Schicksal und seine Absichten in Bezug auf Frau M. kann ich in den senkrecht, waagerecht und diagonal liegenden Karten erkennen, die mit der gestrichelten Linie markiert sind. Da er als erste, oberste Karte im Kartenbild liegt, ist nicht sehr viel über ihn zu sagen. Seine waagerechte Linie deckt sich mit der von Frau M. Er ist ein guter Freund, aber er denkt auch an Liebe und Verbindung. Seine Freundschaft zu Frau M. ist dennoch nicht nur Freundschaft, und seine Reisepläne decken sich mit denen von Frau M. Die senkrechte Linie besagt, daß er nicht sehr glücklich, aber auch an eine Frau (Kreuz-Dame) gebunden ist. Auch er hat ein Kind (Karo-Bube), das nicht gesund (Kreuz-Acht), aber auch nicht besorgniserregend krank ist (Pik-Neun). Es leidet unter den zerrütteten Familienverhältnissen.

Die beiden Familien müssen sich kennen; dafür sprechen die Kreuz- und Querlinien. Es ist nicht ausgeschlossen, daß die Kreuz-Dame die Frau von Pik-König ist. Die gestrichelte Linie von Pik-König aus nach rechts unten wird gedeutet. Eindeutig sind Pik-König und Herz-König Freunde oder gute Bekannte. Tränen und Traurigkeit (Kreuz-Sieben) haben beide. Aber auch frohe und schöne Stunden (Herz-Acht) mit einer jungen Dame (Pik-Dame), einer Reisebekanntschaft (Pik-Acht). Das ist ziemlich undurchsichtig, aber für Frau M. nicht allzu wichtig, da die gestrichelte Schräglinie sie nicht direkt betrifft. Die Karte Pik-König bedeutet zwar einen guten Menschen, aber es scheint, daß er und Kreuz-Dame sich störend auf das Familienleben von Frau M. auswirken. Das besagt auch in der Vorprognose die Karte der Warnung, die Pik-Sieben. Frau Erika M. befragt nun die Karten, nachdem die sieben Antwortkarten diagonal aus dem Kartenbild genommen wurden. Frau M. mischt die sieben Karten und stellt ihre Fragen. Für die Antworten zieht sie jeweils eine beliebige Karte von den sieben. Damit wird die befragte Karte gedeckt. Zur Erklärung ist sie in Klammern genannt.

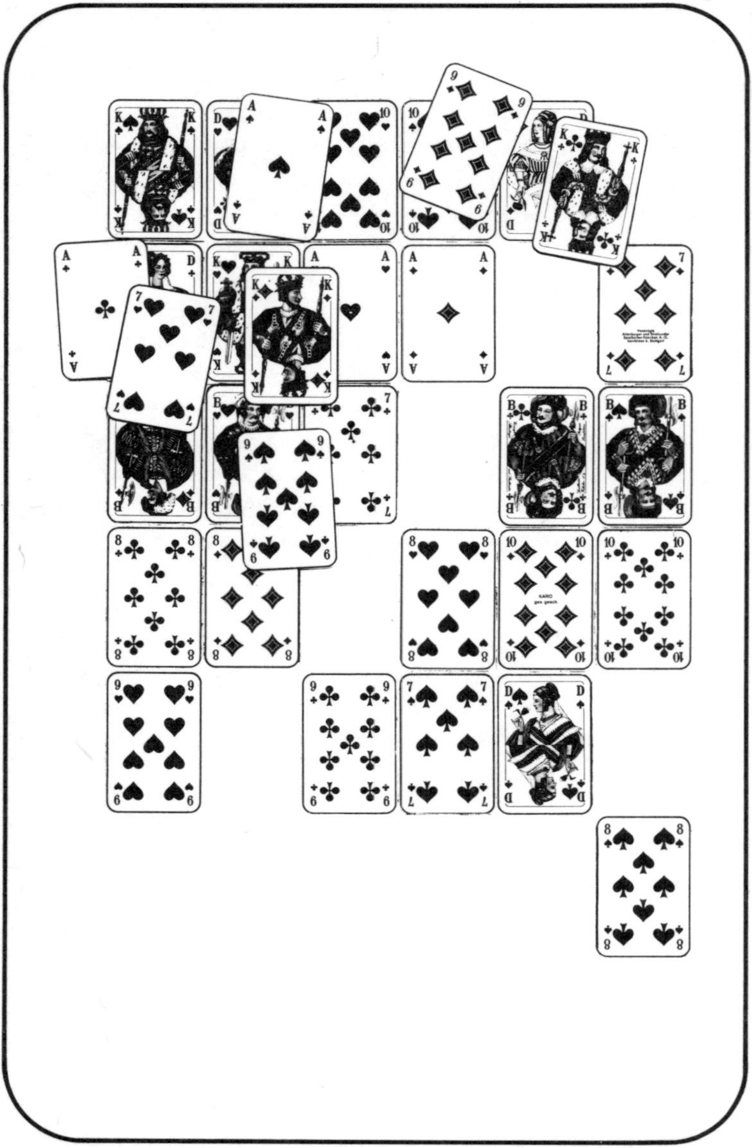

Die Befragung

1. Frage auf Kreuz-Dame:
   Wie steht mein Mann zur Kreuz-Dame?
   Antwort:
   Es bestand ein Verhältnis; Kreuz-As besagt, daß es völlig beendet ist.

2. Frage nochmals auf Kreuz-Dame:
   Ich möchte von der Kreuz-Dame mehr wissen; wie steht oder stand sie zu meinem Mann?
   Antwort:
   Es war eine kurze, heftige Leidenschaft (Herz-Sieben).

3. Frage auf Herz-König:
   Wird mein Mann mich wieder lieben?
   Antwort:
   Mehr denn je. Karo-König sagt, er wird Sie umwerben, es wird alles wieder gut.

4. Frage auf Herz-Dame:
   Was sind meine Gedanken?
   Antwort:
   Sie haben oder wollten die Scheidung einreichen (Pik-As).

5. Frage auf Pik-Zehn:
   Was wird mit meiner Reise?
   Antwort:
   Karo-Neun ist eine Karte ideellen Erfolgs, auch der Selbstüberwindung. Sie werden nicht mit diesem Mann (Pik-König) fahren. Sie werden Ihre Schwester (Karo-Dame) möglicherweise mit Ihrem Sohn (Herz-Bube) besuchen. Denn in seiner Schrägverbindung liegt die Reise auch.

6. Frage auf Karo-Dame:
   Wird und kann mir meine Schwester helfen?
   Antwort:
   Ja, nicht nur die Schwester wird Ihnen helfen, denn dort befindet sich auch Ihr Vater (Kreuz-König), der Ihnen klar macht, wo Ihr Platz ist. Nahe dabei liegt ja auch die Karo-Neun, die ein ideelles Verhältnis (mit Vater und Schwester) bedeutet.

7. Frage auf Herz-Bube:
   Eine Karte auf unseren Sohn?
   Antwort:
   Die Tränen des Kindes werden versiegen, innige Zuneigung besagt Herz-Neun.

Von Vergangenheit bis Zukunft

Nun werden alle Karten zusammengeschoben und von Frau M. gemischt.

Anschließend werden alle Karten nach System B ausgelegt, die Herz-Dame in die Mitte (was dich direkt betrifft), rechts davon die nächste Karte (was die Zukunft bringt), über der Dame die nächste Karte (was dir zu Häupten schwebt), links von der Dame die nächste Karte (die Vergangenheit), unter die Dame die nächste Karte (was du mit Füßen trittst). Dann weiter in der gleichen Reihenfolge, mit der Mitte beginnend, bis alle Karten verbraucht sind.
Nun werden die einzelnen Päckchen aufgedeckt, wobei die nun offen oben liegende Karte die zeitlich und räumlich nächste Nähe zur befragenden Person (Herz-Dame in diesem Fall) bedeutet.
Bei Frau M. ergab sich aus den einzelnen Päckchen folgende Deutung:

1. Päckchen: was dich direkt betrifft

Tränen, Eifersucht mit Grund, heimliche Liebe zu Pik-König, Warnung, der Sohn und der Ehemann.

2. Päckchen: was dir die Zukunft bringt

Ein freudiges Ereignis, die Reise zur Schwester, Glück in Familie und Ehe, Geld, Vermögen.

3. Päckchen: was dir zu Häupten schwebt

Prozeß, das Böse, innige Zuneigung von und zum Vater, ideelle Anerkennung durch einen einflußreichen, vermögenden Mann.

4. Päckchen: deine Vergangenheit

Die Kreuz-Dame (mit Recht), die Pik-Dame (Frau M. kann sich nichts unter dieser Dame vorstellen), mit einem jungen Mann Streit, erworbenes Geld, verbunden mit einer kurzen Reise.

5. Päckchen: was du mit Füßen trittst

Eindeutig Angst vor noch einem Kind, doch die Sorgen sind grundlos. Finanzieller Aufstieg und gute Geschäfte.

Bei der Deutung dieses Päckchens erhebt sich fast immer die Frage, ob der Befragende die hier erschienenen Dinge zu Recht nicht beachtet, oder ob er sich nicht überlegen sollte, daß sie mehr Beachtung verdienen.

Die Deutung des Kartenbildes bis hierher hat Frau M. über einige schwebende Probleme mehr Klarheit gebracht, besonders daß sie ihr Familienleben in Gefahr bringt, wenn sie weiterhin dem Pik-König Aufmerksamkeit schenkt.

Eigenschaften und Gedanken

Frau M. will nun nach System C die Eigenschaften und Gedanken ihres Sohnes erfragen. Sie mischt die Karten ohne Herz-Bube; er wird ausgelegt.
Von den restlichen Karten zieht Frau M. in beliebiger Reihenfolge erst sechs Karten, die in der Reihenfolge, in der sie gezogen wurden, rechts an den Buben angelegt werden. Daraus ergeben sich die Eigenschaften, der Zustand. Als nächstes zieht sie sechs weitere Karten, die vom Buben weg schräg nach rechts unten gelegt werden. Daraus ergeben sich die Gedanken.

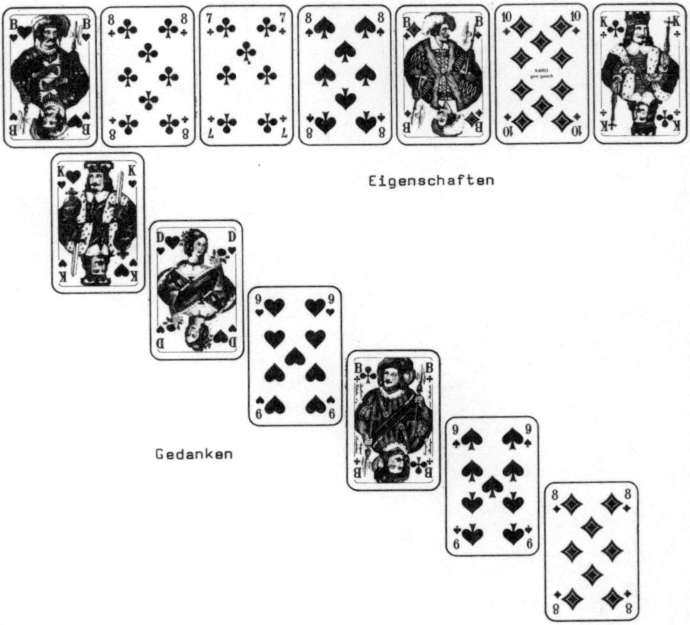

Die Eigenschaften

Kränklich, übersensibel, strebsam, kameradschaftlich. Beruflich sind Vater und Großvater das Vorbild.

Die Gedanken

Innige Zuneigung zu Vater und Mutter, der Wunsch, selbst einmal eine gute Ehe führen zu wollen, unbegründete Angst vor dem Bösen, ehrgeizig.

Das Kartenbild von Herrn Werner L.

Herr L. hat die Karten gemischt und zweimal mit der linken Hand zum Herzen abgehoben. Dabei zeigten sich die Pik-Zehn, die Kreuz-Zehn und das Pik-As und ermöglichen eine Vorprognose.

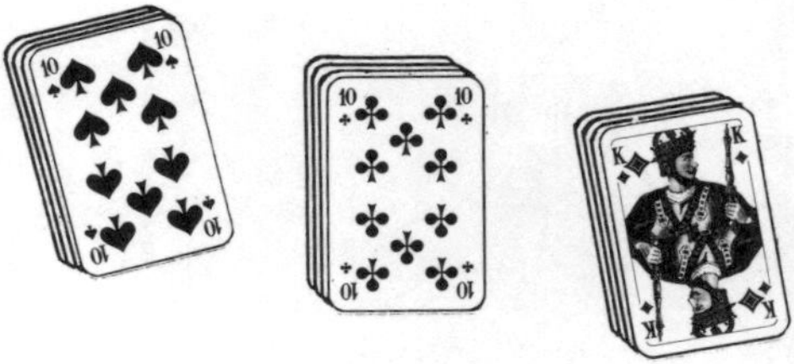

Große Reise · Streit · Förderer

Diese drei Karten werden Sie im Kartenbild von Herrn L. an bedeutsamen Stellen wiederfinden.

Herr L. nimmt die Karten in beliebiger Reihenfolge zusammen, und ich lege offen in Sechserreihen nach System A vor mir auf. Die erste Karte ist die Karte links oben.

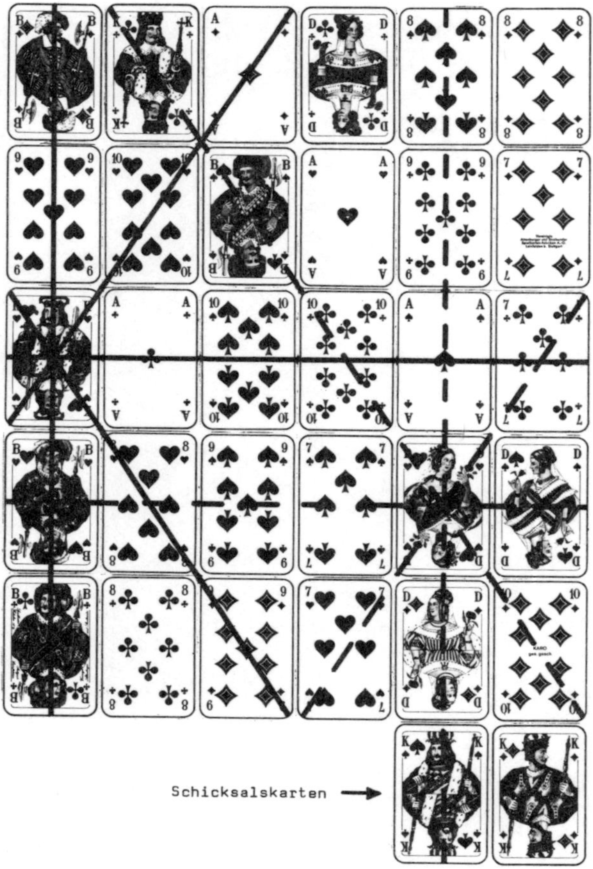

Herz-König, Herr L., ist nicht verheiratet (keine weibliche Person in seiner Nähe).

Die waagerechte Linie: Ein großer Verlust (Kreuz-As) liegt direkt neben ihm. Es folgt eine große Reise oder eine Ortsveränderung (Pik-Zehn), die Streitigkeiten (Kreuz-Zehn und Pik-As) auslöst. Es folgen Tränen und Traurigkeit (Kreuz-Sieben). In Verbindung mit der Reise liegen also Streit und Prozeß.

Herr L. hatte eine Familie, er lebt von seiner Frau (Herz-Dame) getrennt.

Die senkrechte Linie: Der jüngste Sohn (Herz-Bube) lebt bei ihm. Der andere Sohn (Karo-Bube) lebt bei den Eltern seiner Frau. Herr L. hat eine innige Verbindung zu seinen Kindern. Doch alles ist überschattet von Kreuz-Bube. Zu seiner Frau besteht keine Beziehung mehr (nur bei Tränen und Streit kreuzende Linien).

Die Schicksalskarten von Herrn L. sind zwei männliche Personen. Pik-König ist eindeutig der Nebenbuhler. Auch Karo-König spielt eine Rolle, wenn auch mehr in finanzieller Hinsicht. Beide aber sind auf seine Frau, immer noch Herz-Dame, bezogen. Diese beiden Männer sind verheiratet, aber sie haben seine Ehe zerstört. Die Schrägverbindung von Herrn L. besagt in der Richtung von Herz-König (Herr L.) nach rechts oben, daß es eine Geldheirat war.

Schrägverbindung nach rechts unten: Herr L. hat ein

freudiges Ereignis ideeller Art zu erwarten. Nun möchte Herr L. von einer Karte, die nicht in seinen Linien liegt, etwas wissen, nämlich von der Herz-Dame, seiner Frau. Die gestrichelten Verbindungslinien geben Auskunft. Auch von der Herz-Dame besteht keine Beziehung zu Herrn L. Die einzigen Schnittpunkte sind Streit und Tränen, auf beiden Seiten.

Die Ehe wird geschieden, das ist der Hauptschnittpunkt. Pik-As liegt über der Herz-Dame. Sie wird die Scheidung einreichen.

Ihre Beziehungen zu Pik-König dauern an, obwohl sie mit dessen Frau gut bekannt ist (Pik-Dame). In der Schräglinie: Auch das Verhältnis zu ihrem Vater ist gestört. Hier gibt es auch Streit in Bezug auf die Ehe (Kreuz-Zehn). Ein jüngerer Verwandter, wahrscheinlich der Bruder, versucht zu schlichten und zu vermitteln (Pik-Bube).

Karo-Zehn bedeutet für die Herz-Dame Erfolg im Beruf. Sie ist finanziell unabhängig.

Zu erwähnen sind auch noch in der senkrechten Linie von oben nach unten die kurze Reise, Lüge und Betrug, unterstützt von einer guten Freundin, mit Pik-König, dem Nebenbuhler.

Nun nimmt Herr L. die sieben Karten aus dem Spiel.

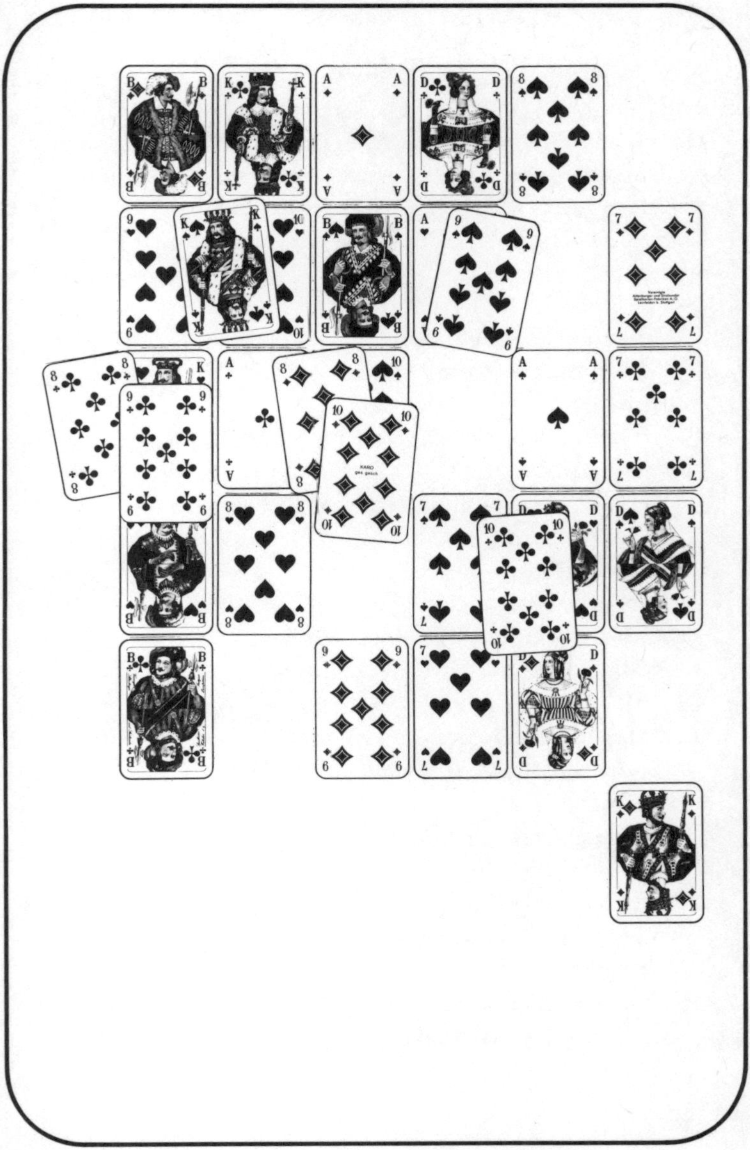

Die Befragung

Herr L. nimmt die sieben Karten aus dem Kartenbild und stellt damit seine Fragen, nachdem er sie noch einmal gemischt hat. Die Karten sind zwar gemischt, aber er kann jede Karte von eins bis sieben benutzen.

1. Frage auf Herz-König:
   Was betrifft mich selbst?
   Antwort:
   Ich kenne nun die Karten von Herrn L. Obwohl ich ihm zum ersten Mal die Karten lege, besagt die Kreuz-Acht eindeutig seelisches Leiden.

2. Frage auf Herz-Zehn:
   Ist meine Ehe noch zu retten?
   Antwort:
   Nein, Pik-König hat es geschafft.

3. Frage auf Herz-König:
   Noch eine Karte auf mich selbst?
   Antwort:
   Eifersucht mit Grund (Kreuz-Neun).

4. Frage auf Pik-Zehn:
   Was wird mit meiner Reise?
   Antwort:
   Eine Geschäftsreise, finanzieller Aufstieg durch Veränderung (Karo-Acht).

5. Frage auf Herz-Dame:
   Auf meine Frau?
   Antwort:
   Streit, streitbare Scheidung (Kreuz-Zehn).

6. Frage auf Herz-As:
   Werde ich wieder eine Familie haben?
   Antwort:
   Sorgen ohne Grund, Sie werden wieder glücklich werden (Pik-Neun).

7. Frage auf Pik-Zehn:
   Noch einmal auf die Reise?
   Antwort:
   Die Reise wird zu sehr großem finanziellen Erfolg führen (Karo-Zehn).

Von Vergangenheit bis Zukunft

Nun möchte Herr L. die Karten nach System B befragen. Er hat die Karten ohne Herz-König gemischt. Herz-König habe ich in die Mitte gelegt. Herr L. ist Herz-König, die Bezugsperson. Ich lege die Karten nach System B und decke nun die Päckchen eins bis fünf auf.

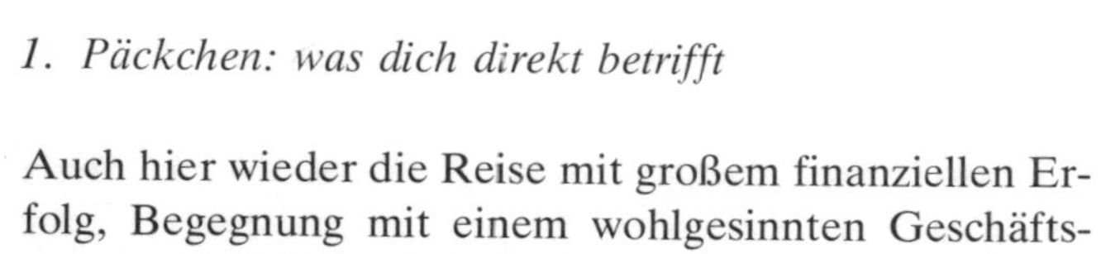

1. Päckchen: was dich direkt betrifft

Auch hier wieder die Reise mit großem finanziellen Erfolg, Begegnung mit einem wohlgesinnten Geschäftspartner. Auf dieser Reise trifft Herr L. eine junge Dame. Doch Pik-Sieben besagt Warnung, Kreuz-Sieben bringt Tränen.

2. Päckchen: was dir die Zukunft bringt

Ideelle Verdienste durch eine reiche, angesehene Dame. Die beiden Söhne haben gute Berufsaussichten. Auch stehen sie treu zum Vater. Sie liegen in seiner Zukunft.

3. Päckchen: was dir zu Häupten schwebt

Verlust, Ehe-Scheidung, Streitigkeiten. Innige Zuneigung von und zu einem älteren Herrn. Möglicherweise die Vatergestalt.

4. Päckchen: deine Vergangenheit

Die Liebschaft seiner Frau, die heimliche Liebe, hat Herr L. seelisch überwunden. Auch die Karte der Familie liegt in der Vergangenheit. Ein frohes Ereignis wird ihn von seinen traurigen Gedanken ablenken.

5. Päckchen: was du mit Füßen trittst

Meist tritt man Dinge mit Füßen zu Recht. Hier das Böse, eine Frau, der man nicht vertrauen kann. Aber da ist noch ein Freund, dem Herr L. unbedingt vertrauen kann, eine kurze Reise oder ein Besuch, welcher für Herrn L. nur zum Vorteil wäre.
Diese positiven Dinge sollte man sich gut überlegen, bevor man sie mit Füßen tritt.

Herr L. hat mir die meisten Dinge bestätigt, er kennt auch die Dame, die er auf seiner Geschäftsreise treffen wird, die Pik-Dame. Es ist die Tochter eines guten Freundes. Da er sich beruflich verändern will, ist die Reise gleichbedeutend mit einem längeren Auslandsaufenthalt. Er hat eine, wenn auch flüchtige Beziehung zu der Pik-Dame.

Ihn interessiert nun, welche Eigenschaften sie hat, und welche Gedanken.

Eigenschaften und Gedanken

Herr L. fragt danach, indem er die Karten mischt, ohne Pik-Dame.

Diese Karte wird, wie Sie aus der Schemazeichnung C wissen, links offen aufgelegt; die anderen zwölf folgen anschließend waagerecht und schräg nach unten.

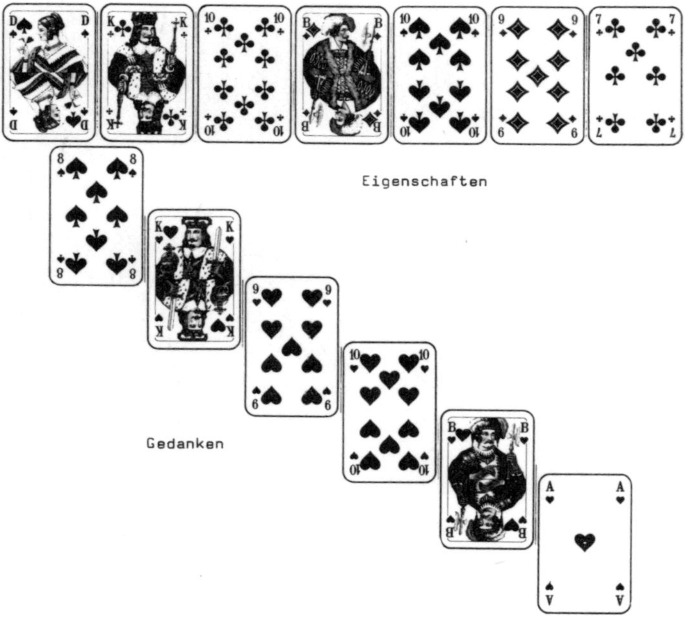

Die Eigenschaften:

Sehr vaterbezogen, diskussionsfreudig (Kreuz-Zehn bedeutet durch Pik-Bube keine Streitsucht), reisefreudig (Fernweh), ideell und sentimental veranlagt.

Die Gedanken:

Freude auf einen Besuch von dem Mann des Herzens, innige Zuneigung, Gedanken an eine Ehe, an Kinder und ein eigenes Heim. Das klingt sehr gut, wenn Herr L. der Herz-König sein sollte.

Die Karten von Herrn L. habe ich im Dezember gelegt. Im Juni darauf erhielt ich einen Brief von ihm. Er ist geschieden, sein jüngster Sohn lebt bei ihm, der ältere studiert in Deutschland. Herr L. lebt in Istanbul. Alles hat gestimmt, auch der Geldsegen. Nur die Pik-Dame ist noch nicht zur Herz-Dame geworden.

Das Kartenbild von Fräulein Silke Sch.

Es handelt sich um eine junge, mir noch unbekannte Dame. Sie mischt die Karten und hebt ab. Aus den aufgedeckten Karten ergibt sich die Vorprognose:

Der Herz-König · innige Zuneigung · Tränen.

Fräulein Sch. nimmt die Karten zusammen. Ich lege die Karten nach System A in Sechserreihen auf.

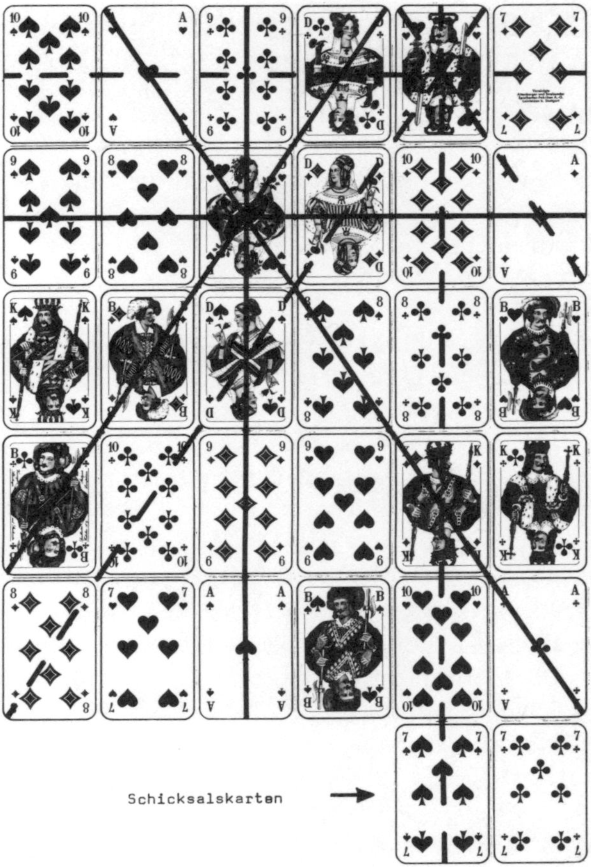
Schicksalskarten

Fräulein Sch. ist noch sehr jung; es ist bei jungen Menschen meist sehr deutlich zu erkennen, daß ihr Leben noch unruhig verläuft. Vieles widerspricht sich. Dieses Kartenbild ist bei vielen jungen Menschen ähnlich.

Die waagerechte Verbindung in Bezug auf Herz-Dame, die Bezugsperson: Innige Zuneigung, frohes Zusammensein mit einer guten Freundin oder auch Schwester. Geld, Vermögen und Reichtum für beide.

In der Schrägverbindung von rechts oben nach links unten: Eine Dame (Kreuz-Dame) ist ihr nicht gut gesinnt. Diese Dame verspricht aber Gutes durch Karo-Bube. Doch Kreuz-Bube besagt große, endgültige Verluste, daneben die Kreuz-Zehn deutet auf Streit hin.

Schrägverbindung von links oben nach rechts unten: Glückliches Heim, eine kurze Reise, Verlust eines guten Freundes (Karo-König), der Helfer und Förderer war. Die senkrechte Verbindung besagt Eifersucht mit Grund auf die Mutter, eigentlich eher Trauer. Die Mutter (Pik-Dame) ist geschieden. Sie versucht ein ideelles Verhältnis (Karo-Neun) zu der Tochter, zu Karo-Dame aufrechtzuerhalten.

Die Schicksalskarten von Fräulein Sch. bedeuten Warnung und Tränen.

Viel kann ich zunächst mit diesem Kartenbild nicht anfangen. Fräulein Sch. interessiert sich natürlich für den Mann des Herzens (gestrichelte Verbindungslinien). Er liegt in keiner ihrer Verbindungslinien. Die Möglichkeit besteht, daß sie Herz-König über Karo-König oder über die Mutter und die Schwester (Karo-Dame) kennt. Aber eine nähere Verbindung mit Herz-König ist nicht zu erkennen. Im Grunde ist Fräulein Sch. noch ein Kind; Männer sind bis jetzt noch nicht schicksalsbestimmend – außer Karo-König.

Fräulein Sch. befragt nun das Kartenbild näher, und ich nehme die sieben Karten aus dem Spiel. Sie mischt sie und stellt die Fragen.

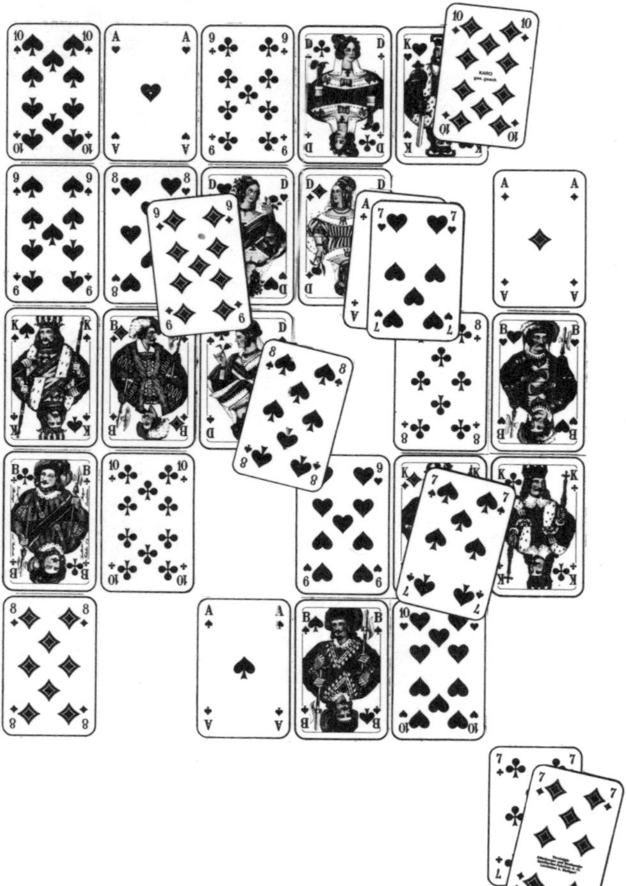

Die Befragung

1. Frage auf Karo-Dame:
   Wird meine Schwester bei uns bleiben?
   Antwort:
   Verlust der Schwester (Kreuz-As).

2. Frage auf Karo-Dame:
   Noch eine Frage auf meine Schwester, warum Verlust?
   Antwort:
   Sie hat eine heimliche Liebe und wird das Elternhaus verlassen (Herz-Sieben).

3. Frage auf Herz-Dame:
   Eine Karte auf mich?
   Antwort:
   Anerkennung, ideelle Verdienste, Ruhm und Ehre (Karo-Neun).

4. Frage auf Pik-Dame:
   Wie ist das Verhältnis von meiner Mutter zu mir?
   Antwort:
   Die Mutter wird eine kurze Reise machen. Keine negative Karte (Pik-Acht).

5. Frage auf Karo-König:
   Wie steht Karo-König zu mir?
   Antwort:
   Warnung vor diesem Mann (Pik-Sieben).

6. Frage auf Herz-König:
   Eine Karte auf den unbekannten Herz-König?
   Antwort:
   Er ist ein Mann mit großen finanziellen Erfolgen (Karo-Zehn).

7. Frage auf Kreuz-Sieben:
   Warum habe ich Tränen?
   Antwort:
   Ein entbehrungsvoller Berufsweg, der aber zum Erfolg führen wird (Karo-Sieben).

Von Vergangenheit bis Zukunft

Fräulein Sch. befragt nun die Karten noch weiter. Sie hat sie ohne Herz-Dame gemischt. Auch hier wird die Herz-Dame, die Bezugsperson, in die Mitte gelegt, die anderen nach System B darum herum.

Nach der Schemazeichnung B decke ich die Karten auf:

1. Päckchen: was dich direkt betrifft:

Fräulein Sch. hat eine starke Mutterbindung. Eifersucht mit Grund auf ihre Schwester. Die Schwester wird ihre heimliche Liebe bald heiraten. Die Schwester erwartet bereits ein Kind oder wird sehr bald Nachwuchs haben. Karo-König könnte dieser Mann sein, mit dem die Bezugsperson in einer wenn auch weitläufigen Beziehung steht. Trennung und Verlust.

2. Päckchen: was dir die Zukunft bringt

Eine größere Reise, ein frohes Ereignis, die Begegnung mit Herz-König, vorerst aber keine Bindung oder Ehe; ideelle und unerwartete finanzielle Berufserfolge durch Veränderung, Aufstieg und Verbesserung.

3. Päckchen: was dir zu Häupten schwebt

Tränen und Warnung vor einer Dame (Kreuz-Dame), die zu Kreuz-König (Vatergestalt) in enger Verbindung steht; möglicherweise eine kurze Reise, verbunden mit dem Vater, zu dem Fräulein Sch. eine innige Zuneigung hat.

4. Päckchen: deine Vergangenheit

Gute finanzielle Erfolge, Sorgen ohne Grund wegen einer streitbaren, finanziellen Rechtsangelegenheit, die Körper und Seele ziemlich belastet hat.

5. Päckchen: was du mit Füßen trittst

Einen guten und heiratswilligen Mann, eine Ehe und die Gründung einer Familie. Das Böse sehend in Bezug auf Kinder. Ich habe schon einmal gesagt, daß man manchmal Dinge und Personen zu Unrecht mit Füßen tritt. Es ist immer zu überlegen, ob man nicht damit einen Fehler begeht.

Eigenschaften und Gedanken

Fräulein Sch. ist mit ihren 19 Jahren ein noch unfertiger Mensch. Sie weiß das auch selbst und fragt nun nach ihrer eigenen Person, ihren Eigenschaften und Gedanken. Sie mischt die Karten ohne Herz-Dame und zieht dann die zwölf Karten.

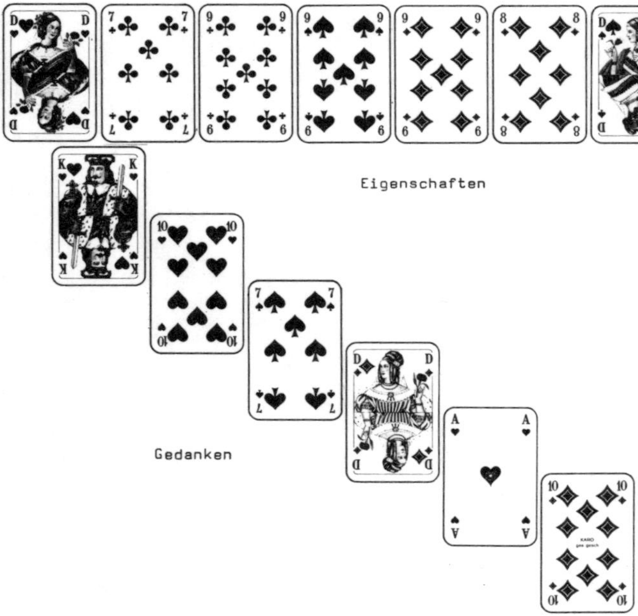

Die Eigenschaften

Die Eigenschaften der Bezugsperson sind bei einer Selbstbefragung immer erstaunlich und aufschlußreich. Tränen und Traurigkeit, eifersüchtig und sorgenvoll, mit und ohne Grund, sie hat Ideale und ist strebsam, immer wieder auf das Vorbild der Mutter bezogen.

Die Gedanken

Die Gedanken von Fräulein Sch. sind erstaunlich. Sie geben im Grunde ein abgerundetes Bild. Auch sie selbst war sehr erstaunt und nachdenklich.
Sie wünscht sich den Mann (Herz-König) und die Gemeinschaft oder Ehe. Die Karte der Warnung mag Zweifel bedeuten. Ihre Gedanken sind bei ihrer Schwester und deren zukünftigen Ehe. Doch dominierend ist für Fräulein Sch. die Karte des Geldes und des Erfolgs.